GLOW UP MODE D'EMPLOI.

Chaque jour représente une occasion pour se réinventer et devenir une meilleure version de soi-même.

Prendre soin de sa santé mentale et physique est une étape cruciale dans ce processus.

Tout commence par toi et par ta détermination à devenir la personne que tu as toujours rêvée d'être.

Au fil des pages, tu découvriras des exercices pratiques pour renforcer ta confiance en toi, t'aider à adopter une attitude positive, t'apprendre à gérer tes émotions et te soutenir dans la réalisation de tes objectifs pour 2024.

Retrouve tous les secrets du " Glow Up " et suis les étapes pour devenir celle que tu as envie d'être.

Alors, es-tu prête à faire le deuil de ton ancien "Toi" ?

SOMMAIRE

1- Accepte de changer

2 - Redécouvre la confiance en toi

3 - Crée ton plan de transformation

4 - Prends soin de ton bien-être physique et mental

Ma partie Journal

5 - Cultive des relations positives

6 - Glow Up après une rupture amoureuse

TU ES
UNE PERSONNE
EN OUVRANT CE LIVRE,

TU
EN SERAS
UNE AUTRE
EN LE REFERMANT.

Es-tu prête à changer pour devenir la meilleure version de toi-même ?

OUI ☐ **NON** ☐

Quelles résolutions pour 2023 n'as-tu pas tenues ?

- ○
- ○
- ○
- ○
- ○
- ○
- ○
- ○
- ○
- ○
- ○
- ○
- ○
- ○
- ○

“ Tu n’es pas malheureuse à cause
de ce qui se passe dans ta vie.

Tu es malheureuse à cause de la manière

dont tu réponds à ce qui se passe dans ta vie.”

“T’as changé”

“Je n’ai pas changé, j’ai juste compris certaines choses”

“Tu as compris quoi ?”

“Que je mérite mieux que ce que certains m'ont laissé croire, que je dois compter sur moi-même pour décider de ma vie, et surtout que je dois prendre soin de moi car personne ne le fera à ma place”

Mes résolutions pour 2024 :

- ○
- ○
- ○
- ○
- ○
- ○
- ○
- ○
- ○
- ○
- ○
- ○
- ○
- ○
- ○

Les personnes qui ont réussi, ont commencé avec deux croyances :

“Le futur peut être meilleur que le présent.”

“J’ai le pouvoir de faire en sorte que ça arrive.”

Ce que je ne veux plus jamais penser,

de moi :

. . . .

. . . .

. . . .

. . . .

. . . .

. . . .

des autres :

. . . .

. . . .

. . . .

. . . .

. . . .

. . . .

de la vie en général :

. . . .

. . . .

. . . .

. . . .

. . . .

. . . .

GLOW UP

Accroche une date à ton rêve, il
deviendra un objectif.

Découpe ton objectif en étapes,
tu obtiendras un plan.

Ce plan, soutenu par des actions,
deviendra ta réalité.

1

ACCEPTE DE CHANGER

"Tu peux tout recommencer.

Trie tes réseaux sociaux, change de playlist, rencontre de nouvelles personnes, change de style, de routine, et deviens la meilleure version de toi-même."

“Le prochain chapitre de ta vie s’appelle : Je suis libre et j’ai réussi. ”

Ton Glow up commence par ton désir de changer, de t'améliorer et de devenir une meilleure version de toi-même.

Vouloir évoluer, implique souvent des changements physiques, mais aussi, une transformation de notre état d’esprit. Nous devons nous libérer de nos doutes, de nos peurs et des croyances qui ont pu freiner nos choix par le passé.

Il s'agit de se donner la permission de briller et de s'épanouir avec assurance. C’est la confiance en soi qui permet à chacun de se sentir à l'aise dans sa peau. En assumant sa singularité, une personne confiante n'a pas besoin de se conformer aux normes ou aux attentes des autres. Elle se sent libre d'être elle-même, de suivre ses passions, de prendre des décisions basées sur ses propres valeurs et de poursuivre ses rêves. Cette capacité, à se démarquer et à être authentique la rend inspirante et inoubliable.

Rappelle-toi que même si aujourd'hui, tu n'as pas encore confiance en toi, tu dois envisager le futur avec optimisme et croire en ta capacité de transformer ton état d'esprit. Chaque nouvelle étape dans ce livre va renforcer ta confiance grâce à un travail sur l'acceptation et l'estime de soi. Prépare-toi à écrire un nouveau chapitre de ta vie orienté sur la réussite et la liberté, car en acceptant de changer, tu vas découvrir ton véritable potentiel et atteindre tes objectifs.

“Garde toujours en tête que les difficultés sont passagères et que rien n’est définitif.”

Rappel à moi-même

Liste de mes priorités 2024

1/ MOI

Le Mindset : la clé de ton Glow Up

Entamer ton Glow up nécessite de ta part, une évolution profonde. Cette transformation commence par ton mindset : ton état d'esprit. En effet, un mindset positif est la base d'un "Glow up" réussi.

Tout d'abord, tu peux t'entraîner à transformer naturellement tes pensées. Plutôt que de te dire "Je ne peux pas", tu peux te dire “Je vais essayer, car j'ai le droit d'échouer." Cela va t'encourager à mettre en place des changements.

Une attitude optimiste repose sur la conviction que les choses changent et peuvent toujours s'améliorer. Tu peux être consciente des difficultés et des obstacles tout en sachant que tu es capable de les surmonter. Tu attireras alors des opportunités positives dans ta vie et tu développeras des qualités de persévérance et de résilience. Tu n'auras plus peur de surmonter les échecs, car tu auras compris que les défis font partie du changement et tu sauras rebondir avec confiance.

Pour y parvenir, tu dois avant tout apprendre à être indulgente envers toi-même, comme tu le serais envers tes meilleurs amis. Accepte tes erreurs sans te juger et donne-toi le droit d'apprendre, de t'améliorer et de grandir.

Enfin, tu dois prendre conscience que ton environnement social a un impact considérable sur ton mindset. Entoure-toi de personnes positives qui te soutiennent et t'encouragent, et éloigne-toi des énergies négatives, des personnes jalouses, ou de celles qui ont tendance à influencer tes choix dans le mauvais sens.

Rappelle-toi que si tu ne parviens pas encore à avoir un mindset positif, tu vas trouver dans ce livre tous les conseils et les exercices pour te permettre d'ancrer un état d'esprit positif afin de réussir ton Glow up en renforçant ta confiance en toi.

"Les affirmations positives pour transformer ta réalité"

Les affirmations positives ont un réel pouvoir sur ton état d'esprit. Ces déclarations, courtes et puissantes, formulées de manière positive, ont pour but d'influencer tes comportements. Elles sont centrées sur des objectifs et des qualités que tu souhaites obtenir et développer dans un ou plusieurs domaines de ta vie.

Par exemple, une affirmation positive pourrait être : "J'ai confiance en moi et je suis capable de réussir.", pour renforcer la confiance en soi, ou "J'ai le droit au meilleur, je mérite le meilleur, je vaux le meilleur.", pour renforcer l'estime de soi.

En répétant régulièrement ces affirmations, les pensées négatives ou auto-limitantes sont remplacées par des pensées positives et constructives. Lorsque tu les répètes, ton esprit commence à assimiler ces pensées comme des croyances et des vérités, ce qui influence positivement ton comportement, tes pensées, tes émotions et tes décisions.

Rappelle-toi que répéter chaque jour, à haute voix, des affirmations positives contribue à créer les conditions nécessaires pour transformer ta vie en renforçant ta détermination. Tu dois choisir des phrases qui ont du sens pour toi et qui sont en lien avec tes objectifs. La répétition et la conviction que tu mets dans ce que tu dis sont des conditions essentielles pour obtenir un changement durable dans ta vie. Utilise le pouvoir de l'intention pour créer ta réalité.

Exemples d'affirmations positives !

J'ai le droit de dire non aux autres.

Je m'aime et je crois en moi.

Je crée la vie que je mérite de vivre.

De bonnes choses m'attendent.

Le passé est terminé.

Je mérite le succès.

Je mérite d'être aimée, à ma juste valeur.

Je mérite un amour sain et respectueux.

Je m'aime et je m'accepte telle que je suis.

Je choisis de pardonner et de laisser aller le passé.

Je suis attentive à mes propres besoins.

Je m'exprime clairement et avec confiance.

Quoi qu'il arrive, je peux gérer.

**“Prononcer une affirmation positive,
c'est se rappeler chaque jour ce qu’on souhaite devenir
et la direction qu’on veut prendre dans la vie.”**

Mes affirmations positives

Écris ici, toutes les affirmations positives dont tu as besoin pour créer ta nouvelle réalité. Elles peuvent porter sur la confiance en soi, l'amour de soi, tes objectifs, tes rêves, etc.

“Je suis prête à devenir la meilleure version de moi-même.”

"La vie est à 10 % ce qui nous arrive et à 90 % comment nous y réagissons."

Charles R. Swindoll

Même lorsque nous vivons des moments difficiles, adopter une attitude positive peut faire une énorme différence dans la façon dont nous traversons ces épreuves. Tout le monde peut vivre des événements tristes, douloureux, mais avec le temps, certaines situations qui nous apparaissaient insurmontables se révèlent ensuite être un nouveau départ dans nos vies.
Il n'est pas possible de tout maîtriser et d'avoir le contrôle sur toute notre vie. Parfois, des circonstances imprévues bouleversent notre quotidien. Dans ce cas, il est inefficace, voire néfaste, de dépenser notre énergie à essayer de modifier ce que nous ne pouvons pas changer ou lutter contre des émotions désagréables.. Par contre, nous pouvons décider de réagir de manière adaptée, en acceptant la réalité, puis en trouvant des solutions pour changer ce que nous pouvons changer dans notre façon de répondre à la situation.

Rappelle-toi que tu as le pouvoir de choisir la façon dont tu veux vivre ta vie. Si tu décides de réagir aux événements avec une attitude positive, tu peux non seulement surmonter les défis, mais aussi les transformer en opportunités de croissance et de succès. La confiance en toi et en la vie, ta joie de vivre, ta capacité d'écoute et de compréhension, ta résilience vont attirer et inspirer tous ceux autour de toi. Mettre en place cette attitude positive est un processus qui peut prendre du temps. Vas à ton rythme et fais ce qui te semble le mieux pour toi, en gardant à l'esprit que tu progresses déjà et que tu peux être fière de toi.

“Le bonheur commence avec toi et ta décision d’être heureuse”

Sur une échelle de 1 à 10, à quel niveau te situerais-tu en termes d'attitude positive ?

1 5 10

Qu'est-ce qui te met dans une attitude positive, et à l'inverse, qu'est-ce qui provoque chez toi une attitude négative ?

“J’avance vers mes rêves et mes objectifs”

"Si vous voulez quelque chose que vous n'avez jamais eu, vous devez être prêts à faire quelque chose que vous n'avez jamais fait."

-Thomas Jefferson

Pour obtenir des résultats différents de ceux que nous avons déjà obtenus par le passé, nous devons changer nos habitudes et nos comportements. Si nous continuons à faire les mêmes choses de la même manière, nous obtiendrons les mêmes résultats, encore et encore. Sortir de sa zone de confort signifie être prêt à abandonner nos habitudes et nos croyances familiales pour adopter une nouvelle façon de voir les choses. Cette idée est à la fois excitante et effrayante, car elle implique de prendre des risques. Ces risques doivent être réfléchis et évalués. Nous devons nous demander quels avantages nous pouvons espérer par rapport aux inconvénients qui peuvent exister. Nous pouvons aussi nous demander si nous sommes suffisamment préparés à vivre ce changement et donc si c'est le bon moment pour nous. Si ce n'est pas le cas, alors passons à l'action pour être prêts.

La peur de l'inconnu est une des principales raisons qui nous poussent à rester dans notre zone de confort et d'habitude. Mais si tu aspires à des réalisations personnelles, à une vie qui te fait rêver, tu dois être prêt à relever les défis pour aller au-delà de tes limites actuelles. Cela te permettra de vivre des expériences que tu n'aurais jamais imaginées possibles auparavant.

Rappelle-toi que la stagnation se produit lorsque tu te contentes de ce que tu connais et de ce que tu as déjà. Pour réaliser des rêves audacieux et des objectifs ambitieux, tu dois être ouverte au changement. Pour sortir de ta zone de confort et évoluer positivement dans ta vie, essaye de nouvelles expériences, voyage, forme-toi à de nouvelles compétences, rencontre de nouvelles personnes, ... Tu obtiendras alors une nouvelle réalité dans ta vie.

“La folie, c’est de faire toujours la même chose et de s’attendre à un résultat différent. ”

Albert Einstein

Quel est le principal objectif qui t'a poussé à lire ce livre ?

. . . .

. . . .

. . . .

. . . .

Qu'est-ce qui t'empêche le plus, aujourd'hui, de passer à l'action pour évoluer vers ta vie idéale ?

. . . .

. . . .

. . . .

. . . .

Est-ce que cet obstacle existe de la même manière dans tous les domaines de ta vie ?

. . . .

. . . .

. . . .

. . . .

Sinon, comment t'y prends-tu dans ces autres domaines pour passer à l'action et obtenir ce que tu veux ?

. . . .

. . . .

. . . .

. . . .

“ Je voudrais changer, mais je me sens totalement impuissante et incapable d’agir ”

Éprouver un sentiment d’impuissance, avoir des doutes sur ses capacités, ou avoir des difficultés à prendre des décisions, est tout à fait normal. Cela arrive à tout le monde, même aux personnes que tu admires le plus. C’est un mécanisme physiologique naturel de protection de ton corps.

Parfois, nous nous sentons tellement en danger, que nous sommes incapables de bouger, nous restons figés, sans aucune énergie. Il ne s'agit pas forcément d'un danger réel pour notre vie, mais d'un danger créé dans notre esprit, en lien avec la peur d'échouer, la peur d'être rejeté, abandonné, déçu, la peur d'être seul et démuni, et bien sûr la peur de ne pas être aimé...

Toutes ces peurs créent à l’intérieur de notre corps un état d’insécurité, et nous ressentons de l’impuissance, de la tristesse, et parfois même de la honte. Lorsque nous vivons cela, nous pensons : “Je n'y arriverai jamais. C'est trop dur. Je ne suis pas capable de..."

Rappelle-toi que tu ne dois pas avoir peur d’éprouver ce sentiment d’impuissance et d’incapacité, car même si tu le ressens parfois, dis-toi que tu n’es pas obligée de rester coincée dans cet état. Il existe des moyens pour retrouver ta confiance et ta capacité d’agir. D'une part, il te suffit d'accepter que cela puisse arriver, car c'est tout à fait normal. D'autre part, tu peux mettre en place des pratiques simples mais très efficaces qui agiront à l'intérieur de ton corps pour t'aider à sortir de cet état d'insécurité. Es-tu prête à les découvrir et à les expérimenter ?

“Le TTT”
(Trauma Tapping Technique)

C’est une technique facile à mettre en pratique, qui peut être utilisée pour évacuer ton état d’insécurité, ton stress et tes doutes, en t’aidant à accueillir et à libérer tes émotions. Cette technique, inspirée de la médecine traditionnelle chinoise, est basée sur la stimulation de points spécifiques de ton corps. .

Installe-toi confortablement et pense vaguement, sans rentrer dans les détails, à ce qui te préoccupe. Visualise les zones de ton corps où cette préoccupation se manifeste. Quelles sensations as-tu (chaleur, froid, picotements, boule dans la gorge...). Puis évalue sur une échelle de 1 à 10 l'intensité de cette sensation.

Ensuite, tu vas simplement tapoter tout doucement les 14 points qui sont identifiés sur le schéma de la page suivante, une quinzaine de fois chacun. Si l’intensité des sensations ne diminue pas après le tapotement des 14 points, tu peux recommencer une deuxième fois, voir une troisième fois.

Rappelle-toi que cette technique peut s'utiliser au moment où tu vis une situation difficile, après, pour te calmer, ou en prévision d'un événement stressant. Elle peut aussi être utilisée en routine, matin et soir, en posant une intention positive, par exemple : “ Je me sens bien ou je m'endors paisiblement...” En cas de situation d'urgence ou de manque de temps, tapote seulement le point 1 - Sur la tranche de ta main - ou 7 - sous les clavicules - tout en respirant profondément.

Cette technique ne présente pas de dangers particuliers. Elle a été élaborée par des équipes soignantes intervenant auprès de populations ayant été exposées à des traumatismes, pour être pratiquées en toute autonomie. Toutefois, si tu as un problème de santé, demande à ton médecin si tu peux pratiquer le tapping sans danger. Si tu veux en savoir plus : https://www.assotititi.org/

TTT

Pour les doigts, tapote sur la dernière phalange, face intérieure, en commençant par le petit doigt.

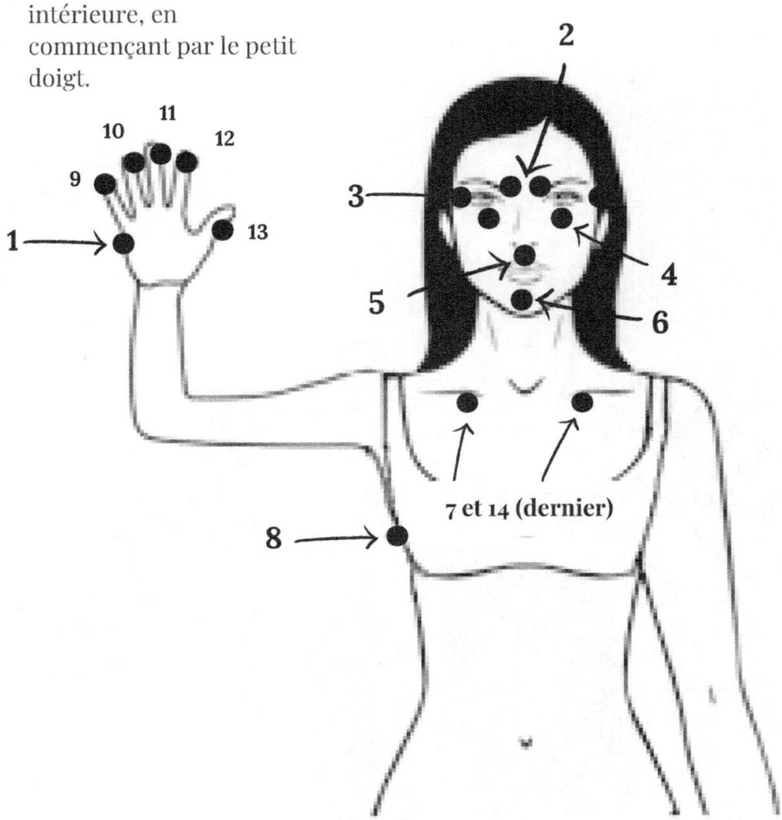

1. Point karaté
2. Entre les sourcils
3. Coin de l'œil
4. Sous l'œil
5. Sous le nez
6. Sous la bouche
7. Sous les clavicules (Les deux points en même temps)
8. Sous le bras
9. Auriculaire
10. Annulaire
11. Majeur
12. Index
13. Pouce
14. Sous les clavicules

Tapote les points suivants dans l'ordre, en utilisant 2 ou 3 doigts et en gardant le poignet souple. Observe simplement ce que tu ressens.

"La plupart de nos tourments proviennent de notre imagination."

Senèque

“J’ai fait la chose la plus terrifiante de ma vie en voulant changer. Mais ça valait le coup”

Il y a des moments où nous nous sentons coincés dans une routine, et nous réalisons que nous devons apporter des changements dans notre vie. Mais cette prise de conscience entraîne des doutes, des peurs, de l’incertitude et même de l’anxiété.

Prendre la décision de changer, de quitter ce qu’on a, de se lancer dans un nouveau projet ou de s'engager dans une nouvelle relation suppose de perdre une partie de nous-mêmes. Nous abandonnons les habitudes qui créent notre quotidien et notre zone de confort. Même si cette zone, dite de “confort”, n'est au final plus du tout confortable, elle est la seule réalité que nous connaissons. La peur de l'échec, de l'avenir, du jugement des autres s'entremêle à notre profond désir de bien-être et de bonheur.

Le changement demande certes du courage pour affronter les moments d'angoisse et d'insécurité mais, à mesure que le temps passe, nous éprouvons de la fierté d’avoir osé. Nous nous rendons compte que nous sommes capables de relever les défis. Nous nous surprenons nous-mêmes. Petit à petit, nous nous sentons plus confiants, plus épanouis et en accord avec ce que nous voulons vraiment être, faire et avoir.

Rappelle-toi que le changement n’est pas facile, car il te confronte à des peurs profondes, mais il va te permettre de repousser tes limites, d'apprendre de nouvelles compétences et de renforcer ton estime de toi. Tu pourras aussi rencontrer des personnes qui partagent tes valeurs. Puis, tu réaliseras que cette décision terrifiante était finalement l'une des meilleures que tu aies jamais prises.

“Fais ce que tu aimes, laisse-les te juger,
car peu importe ce que tu fais, tu seras critiquée.”

“Les croyances qui t’empêchent de changer ta vie”

Les croyances sont des convictions profondes que nous avons sur nous-mêmes et sur le monde dans lequel nous vivons. Elles se forment au fil du temps en fonction de nos expériences, de notre éducation, de notre culture... "Tu es une fille, tu ne dois pas te mettre en colère, car ce n'est pas féminin..." "Il faut faire des études pour réussir." Ces croyances peuvent être positives et nous encourager à poursuivre nos objectifs, mais elles peuvent aussi être négatives et nous limiter dans nos actions et dans notre vie. Nos croyances jouent un rôle important dans notre façon d'agir. Si nous croyons fermement que nous ne sommes pas capables de réussir dans nos études, que nous ne sommes pas doués dans tel domaine, ou que nous ne sommes pas faits pour être heureux en amour, il est probable que cela se réalise. En revanche, si nous croyons en notre capacité à réussir, à être aimés, à rebondir quoi qu'il arrive, nous serons conditionnés à entreprendre des actions positives pour notre réussite.

Ces croyances, qui nous limitent, sont liées à un manque de confiance en soi, entraînant de l'auto-sabotage et d'autres pensées négatives. Pour changer notre vie et vivre ce que nous voulons vraiment, nous devons identifier ces croyances limitantes et les modifier. Ce processus peut être difficile, car il oblige à une réflexion profonde sur soi-même et à la remise en question de pensées profondément enracinées. Cependant, changer nos croyances signifie donner à la vie la direction que nous avons choisie.

Rappelle-toi que tes croyances personnelles influencent tes comportements et tes décisions et ont un impact sur toute ta vie. Repérer les croyances qui te limitent et choisir d'en construire de nouvelles, qui vont t'aider à évoluer, est un cadeau que tu te fais à toi-même pour transformer positivement ta vie.

Changements de croyances

La première étape pour évoluer est la prise de conscience de nos croyances limitantes. Cela nécessite un examen précis et honnête de soi-même. Les questions qui suivent vont t'aider à identifier ces croyances. Une fois que tu les auras identifiées, tu pourras commencer à les remplacer par des croyances plus positives et constructives.

Choisis le domaine de ta vie que tu veux faire évoluer (Exemple : te sentir bien dans ton corps, obtenir le job de tes rêves, ta relation amoureuse, le domaine familial, financier...) et complète les phrases suivantes

Je ne suis pas capable de réussir dans le domaine de ....

....

parce que

....

....

....

Si je réussis, j'ai peur de : .

....

....

....

Ce n'est pas possible pour moi de réussir dans ma vie (Professionnelle, amoureuse...) .... **car**

....

....

....

Je ne serai jamais . . . . **car** . . . .

. . . .

. . . .

. . . .

. . . .

. . . .

Je n'aurai jamais . . . . **car** . . . .

. . . .

. . . .

. . . .

. . . .

. . . .

J'aurai toujours ce problème dans ma vie, car . . . .

. . . .

. . . .

. . . .

. . . .

. . . .

Il n'est pas acceptable d'être . . . . **car**

. . . .

. . . .

. . . .

. . . .

. . . .

Je ne mérite pas d'être . . . . car . . . .

. . . .

. . . .

. . . .

. . . .

. . . .

En fonction de tes réponses, quelle croyance principale as-tu relevée dans ce domaine de ta vie ?

. . . .

. . . .

. . . .

. . . .

. . . .

Penses-tu qu'il soit possible que quelqu'un ait une croyance différente de la tienne, voire même une croyance opposée à la tienne ?

. . . .

. . . .

. . . .

. . . .

. . . .

. . . .

. . . .

Quels sont les avantages pour toi, si tu gardes cette croyance ?

. . . .

. . . .

. . . .

. . . .

. . . .

Quelles sont les conséquences négatives liées à cette croyance ? Qu'est-ce que cette croyance t'empêche de faire, de dire, de vivre ?

. . . .

. . . .

. . . .

. . . .

. . . .

Comment pourrais-tu modifier ta croyance pour qu'elle ne te limite plus dans ta vie, mais au contraire qu'elle t'aide à avancer ?

. . . .

. . . .

. . . .

. . . .

. . . .

Tu peux refaire cet exercice pour identifier d'autres croyances, dans d'autres domaines de ta vie, qui pourraient également te limiter dans ton évolution personnelle.

"Les croyances limitantes sont les murs que vous construisez autour de vos propres rêves."

“Les choses avec lesquelles nous passons nos journées deviennent celles avec lesquelles nous passons notre vie.”

Nos habitudes, nos pensées et nos comportements quotidiens contribuent à façonner notre identité, nos expériences et notre réalité. Nous avons alors le pouvoir de changer notre vie en créant de nouvelles pensées et de nouveaux comportements, alignés avec nos valeurs, nos objectifs et nos rêves.

Les étapes de changement sont complexes, car nous ne sommes généralement pas conscients de nos réactions. Elles proviennent d’un monde invisible à l’intérieur de notre corps qui réagit de manière automatique lorsque nous nous sentons en danger, et cela, que la menace soit réelle ou imaginaire.

Apprendre à vivre dans l'instant présent nous permet d’être pleinement conscients de ce que l’on pense, de ce que l’on dit et de ce que l’on fait. Cela nous permet aussi de prendre conscience de soi, de ses ressentis et de ses émotions. Nous avons ainsi conscience de ce qu’il se passe dans le moment présent, sans jugement ni distraction, pour y réagir de manière intentionnelle plutôt que de manière automatique. Cette pratique nous libère des schémas automatiques de comportements et de pensées qui nous empêchent d’évoluer.

Rappelle-toi que la manière dont tu utilises ton temps au quotidien influence directement la qualité et la direction de ta vie. Tu dois réfléchir à tes priorités, être consciente de tes comportements et de tes choix pour t’assurer que tes actions quotidiennes sont en accord avec tes aspirations. Tu ne pourras changer que ce dont tu as conscience.

Voici quelques conseils pour être en pleine conscience du moment présent et éviter de réagir de manière automatique et inadaptée :

Respire profondément : prends conscience que ta respiration t'aide à te calmer et te recentre dans le moment présent.

***Pratique l'écoute active** : lorsque tu es en conversation avec quelqu'un, écoute attentivement ce que l'autre dit au lieu de penser à ce que tu vas dire ensuite. Cela améliore la qualité de tes relations et te permet de réagir de manière plus adaptée.

***Prends des pauses régulièrement** dans la journée pour te reconnecter avec le moment présent. Marche un peu, observe ton environnement, ou pratique une brève méditation.

***Apprends à laisser passer tes pensées négatives sans les juger**, plutôt que de les ressasser de manière compulsive.

***Cultive la gratitude** : prends l'habitude de reconnaître et d'apprécier les aspects positifs de ta vie pour ne pas te laisser submerger par les soucis et les inquiétudes. Par exemple, note chaque soir, trois actions de la journée dont tu peux être fière et heureuse.

***Pratique des techniques de gestion du stress**, telles que la relaxation, La TTT, la méditation ou le yoga, pour mieux gérer les situations stressantes et éviter des réactions impulsives.

***Identifie les situations ou les émotions qui déclenchent généralement des réactions automatiques et inadaptées**. Une fois que tu es consciente de ces déclencheurs, tu peux mieux y faire face.

Vivre dans l'instant présent exige de la pratique et de la patience. Ne te décourage pas, chaque moment est une nouvelle occasion d'y parvenir.

2

REDÉCOUVRE LA CONFIANCE EN TOI

"La confiance en toi est à l'intérieur de ton corps, respire pour l'activer."

As-tu déjà entendu parler de la cohérence cardiaque ?

La cohérence cardiaque est un état physiologique et émotionnel particulier qui s'obtient grâce à une harmonisation des battements du cœur avec la respiration. En état de cohérence cardiaque, ta respiration devient calme et régulière.

La cohérence cardiaque permet notamment la réduction du stress, de l'anxiété, l'amélioration de la concentration et du bien-être émotionnel général. En pratiquant régulièrement cet exercice de respiration, tu peux augmenter ta confiance en toi et favoriser ton équilibre émotionnel.

Il est recommandé de pratiquer 3 fois par jour, 6 respirations par minute pendant 5 minutes.

3/6/5

Mais tu peux commencer par pratiquer la cohérence cardiaque 1 fois par jour pour te familiariser progressivement avec cette pratique, en ressentir les bienfaits, puis augmenter le rythme petit à petit.

Il existe de nombreuses applications de cohérence cardiaque disponibles sur ton smartphone.

La pratique de la cohérence cardiaque est simple.

- Trouve un endroit calme où tu pourras t'asseoir confortablement sans être dérangée pendant quelques minutes.

- Assieds-toi dans une position confortable avec le dos droit et les épaules détendues.

- Concentre-toi sur ta respiration : commence par respirer naturellement, en prenant des respirations lentes, profondes et régulières.

- Pour entrer en cohérence cardiaque, il est conseillé de respirer à un rythme de 6 respirations par minute :

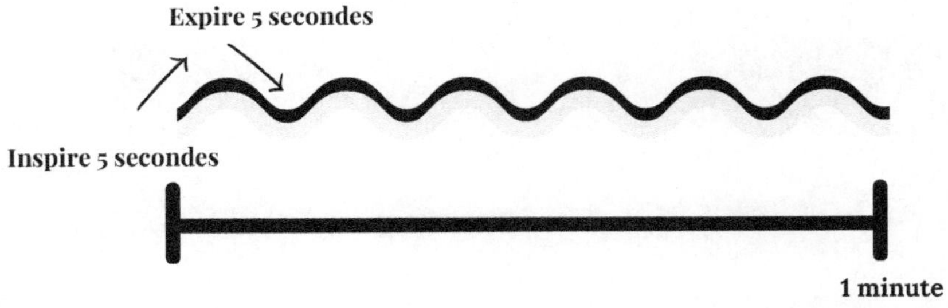

Tu peux utiliser cette courbe ou une application de cohérence cardiaque pour t'aider à suivre ce rythme.

- Pendant tes respirations, tu peux également imaginer un lieu paisible et agréable, ou bien, imaginer ton souffle qui circule dans tout ton corps.

Rappelle-toi, il est important de noter que la cohérence cardiaque est une technique simple et sans danger pour la plupart des gens. **Mais, si tu as le moindre problème de santé, tu dois impérativement consulter ton médecin avant de commencer cette pratique respiratoire.**

Mon agenda de cohérence cardiaque

Inscris la date, et coche une case lorsque tu as fini ta session. Pour rappel, il est préconisé de faire 3 séances de 5 min par jour !

☐ ☐ ☐ ☐ ☐ ☐

☐ ☐ ☐ ☐ ☐ ☐

☐ ☐ ☐ ☐ ☐ ☐

Mon agenda de cohérence cardiaque

Inscris la date, et coche une case lorsque tu as fini ta session. Pour rappel, il est préconisé de faire 3 séances de 5 min par jour !

"La confiance en soi, c'est ce qui te distingue des autres. Sois unique, sois toi-même."

Chuck Bass

La confiance en soi, notre capacité à être authentique, ou à être totalement soi-même, sont des marques de distinction. Cela ne signifie pas que tu es parfaite ou arrogante, cela signifie que tu es à l'aise avec tes imperfections.

Si tu as confiance en toi, tu n'as pas besoin de te conformer aux attentes des autres, car tu crées tes propres règles et tes propres normes. Tu te donnes le pouvoir de prendre le contrôle sur ta vie et de devenir maître de ton destin. Alors, n'aie pas peur d'être unique, de briller d'une manière qui t'est propre.

La confiance en soi permet d'exprimer son style, ses idées, et même ses excentricités sans crainte du jugement. C'est cette assurance qui attire les regards, qui intrigue, qui séduit, et qui inspire.

Mais n'oublie pas, la confiance en soi ne se gagne pas du jour au lendemain. Elle se construit à travers les expériences, les succès et les échecs. Chaque étape te rapproche un peu plus d'une véritable confiance en toi.

Rappelle-toi, la confiance en soi, c'est ce qui te permet de te démarquer et d'être authentique dans un monde où la différence est précieuse. En la cultivant, tu pourras devenir la meilleure version de toi-même et être totalement heureuse, car tu n'auras pas peur d'exprimer qui tu es vraiment.

“Pour être irremplaçable, il faut être différente”

Coco Chanel

Quelles croyances ou pensées négatives à propos de toi-même pourraient expliquer un manque de confiance en toi ?

. . . .

. . . .

. . . .

. . . .

. . . .

. . . .

Peux-tu identifier des expériences passées qui ont contribué à ce manque de confiance ?

. . . .

. . . .

. . . .

. . . .

. . . .

. . . .

Comment ce manque de confiance en toi se manifeste-t-il dans ta vie quotidienne ?

. . . .

. . . .

. . . .

. . . .

. . . .

. . . .

Quel est le principal domaine de ta vie où tu aimerais avoir davantage confiance en toi ? Pourquoi ?

As-tu déjà vécu des moments où tu t'es sentie confiante, dans d'autres domaines de ta vie ? Si oui, quelles conditions étaient réunies pour te permettre d'expérimenter cette confiance en toi ?

Quels sont tes points forts, les qualités et les compétences que tu peux utiliser pour renforcer ta confiance en toi ?

. . . .

. . . .

. . . .

. . . .

. . . .

. . . .

Quels changements concrets pourrais-tu mettre en œuvre, dès maintenant, pour renforcer ta confiance en toi ?

. . . .

. . . .

. . . .

. . . .

. . . .

. . . .

Qu'est-ce que tu pourrais mettre en place d'ici un mois, d'ici trois mois ?

. . . .

. . . .

. . . .

. . . .

. . . .

. . . .

Comment t'imagines-tu avec une plus grande confiance en toi ?

. . . .

. . . .

. . . .

. . . .

. . . .

. . . .

. . . .

À quoi ressemblerait ta vie si tu avais davantage confiance en toi ?

. . . .

. . . .

. . . .

. . . .

. . . .

. . . .

. . . .

. . . .

. . . .

. . . .

. . . .

. . . .

"La confiance en soi,
c'est le secret pour être une 'Queen B'."

- Blair Waldorf

"La confiance en soi est la clé du succès. Si tu crois en toi, tu peux accomplir n'importe quoi."

Blair Waldorf

La confiance en soi est une qualité essentielle pour réussir dans tous les aspects de la vie, que ce soit sur le plan personnel ou professionnel. Lorsque l'on croit en soi et qu'on a de l'assurance, on peut conquérir n'importe quel domaine de sa vie. Cette conviction profonde nous offre la capacité de relever les défis, d'atteindre nos objectifs et de surmonter les obstacles qui se présentent sur notre chemin.

Lorsque nous croyons en nous, nous sommes plus motivées et déterminées à poursuivre nos rêves. Nous avons une vision claire de ce que nous voulons faire, et cette vision devient une source puissante de motivation. Cela alimente notre persévérance, et nous permet de faire preuve de créativité et d'innovation pour trouver des solutions adaptées afin de les réaliser.

En plus, nous vivrons les difficultés et les échecs comme des opportunités d'apprentissage plutôt que comme des obstacles insurmontables. Cela nous permet de rebondir plus vite pour continuer à avancer malgré les échecs ou les difficultés.

Et n'oublions pas que cette confiance en soi a un impact profond sur la façon dont les autres nous perçoivent. Lorsque nous croyons en nous-mêmes, cela se voit dans notre langage corporel, notre communication et notre attitude. Les autres nous suivent plus facilement, nous font confiance et nous soutiennent.

Rappelle-toi que la confiance en soi ne naît pas avec nous, mais elle se cultive au fil du temps. Fixe-toi des objectifs, sors de ta zone de confort, et n'aie pas peur de l'échec. C'est comme ça que tu renforceras ta confiance et augmenteras considérablement tes chances de réussir ta vie. Croire en toi est la première étape vers la réalisation de tes rêves.

**"La vraie confiance en soi vient de l'intérieur.
Tu n'as pas besoin de l'approbation des autres pour être toi-même."**

Serena van der Woodsen

"L'assurance, c'est l'atout le plus sexy qu'une femme puisse avoir."

Blair Waldorf

Il y a quelque chose d'incroyablement séduisant dans l'assurance. C'est une qualité qui attire les autres. Elle est le signe d'une confiance intérieure qui va au-delà de la simple apparence physique. Alors, bien sûr, la beauté et le style sont importants, mais l'assurance, c'est ce qui fait briller une femme de l'intérieur. C'est la manière dont elle se tient, dont elle parle, dont elle prend des décisions avec confiance. C'est cela, qui attire l'attention de tous. Quand on est bien dans sa peau, cela nous rend plus magnétiques et plus agréables à côtoyer.

L'assurance ne vient pas seulement du maquillage ou d'une tenue parfaite, elle vient du fait que nous nous acceptons avec toutes nos forces et nos faiblesses. C'est être à l'aise dans notre peau, sans chercher la perfection et la validation des autres.

Et devine quoi ? Tu n'as pas besoin de l'approbation de qui que ce soit pour être une femme sûre de toi. C'est une qualité que tu cultives en toi. C'est cette assurance qui te permet de marcher dans une pièce, avec la conviction que tu es capable de conquérir le monde.

Alors, oui le chemin de l'assurance n'est pas toujours facile. Tu feras des erreurs, tu connaîtras des moments d'incertitude et de doute, mais c'est précisément dans ces moments-là que naît la croissance. Chaque défi que tu relèveras te rendra plus forte et plus confiante.

Rappelle-toi que tu ne dois pas être effrayée à l'idée de briller, de prendre la parole, d'exprimer tes émotions, de suivre ton cœur et tes rêves. C'est cette assurance intérieure qui te rendra irrésistible, et te permettra de réaliser tout ce que tu souhaites dans ta vie. N'oublie jamais que tu es belle, puissante et capable de tout.

La beauté réside dans la confiance en soi.
Si tu te sens bien dans ta peau et que tu t'acceptes telle que tu es, tu rayonneras de beauté, peu importe ton apparence.

“Les réseaux sociaux”

Les réseaux sociaux peuvent avoir un impact négatif sur notre confiance en nous pour plusieurs raisons.

Ils te poussent à te comparer sans cesse à la vie des autres, leur succès, leur beauté, leur couple, et en particulier lorsque leur vie semble parfaite. La comparaison peut te faire sentir que tu n’es pas à la hauteur.

N’oublie pas que sur les réseaux sociaux, les gens ont tendance à partager seulement les aspects positifs de leur vie, jamais les pires. Cela peut donner l'impression que tout le monde a une vie parfaite, alors que la réalité est souvent bien différente. Cette illusion peut te mettre en tête des attentes irréalistes, notamment par rapport à ton apparence, car les filtres et les retouches créent une image altérée de la réalité.

De plus, ceux qui affichent une vie parfaite entretiennent souvent eux-mêmes une grande dépendance à la reconnaissance extérieure. Ils scrutent sans cesse les “likes”, les commentaires et les partages sur leurs publications. Et malgré l’image qu’ils veulent donner, cette dépendance à l’approbation et au regard des autres, est le contraire de la confiance en soi et de l’assurance affichées.

Rappelle-toi que tu ne dois pas abuser des réseaux sociaux. Tu dois les utiliser de manière positive pour être en lien avec les autres, partager tes expériences et trouver du soutien. Prends exemple sur des gens qui t’inspirent pour leurs valeurs de sincérité, de partage et de respect. Trouve ton équilibre entre la vie en ligne et la vie réelle dans le but de préserver ton bien-être émotionnel en renforçant ta confiance en toi.

"Ce n'est pas ce que tu te dis à voix haute qui détermine ta vie, c'est ce que tu te chuchotes à toi-même qui a le plus d'impact pour ta vie."

Robert Kiyosaki

Lettre à moi-même,

Je t'écris cette lettre aujourd'hui pour te rappeler que tu as en toi le pouvoir de changer, de devenir la personne que tu veux vraiment être. Je veux que tu saches que tu es capable de réussir, que tu as toutes les ressources nécessaires pour atteindre tes objectifs, peu importe à quel point ils peuvent te sembler ambitieux.

La vie est pleine de défis, d'obstacles et de moments de doute, mais ce sont ces mêmes défis qui te donnent l'opportunité de grandir et de devenir plus forte. N'aie pas peur des échecs, car ils sont simplement des étapes sur le chemin de la réussite. Chaque revers est une leçon qui te rapproche de ton but.

Sache que tu as le droit de poursuivre tes rêves avec passion et détermination. Ne laisse personne te dire que tu n'en es pas capable, car tu es la seule personne qui peut décider de ta destinée.

Rappelle-toi toujours que tu es unique, avec des qualités et des talents. Sois fière de qui tu es, et n'aie pas peur de montrer au monde la personne extraordinaire que tu es vraiment.

N'oublie pas de prendre soin de toi, tant sur le plan physique que mental. Prends le temps de te ressourcer, de te fixer des objectifs réalistes et de travailler chaque jour pour les atteindre. La persévérance est la clé du succès, alors ne renonce jamais à tes rêves, même quand les temps sont difficiles.

Relis cette lettre comme un rappel quotidien de ton potentiel illimité.

Lettre à moi-même,

Tu as le pouvoir de ....

....

....

....

....

....

Tu as le droit de ....

....

....

....

....

....

Tu mérites de..............................

....

....

....

....

....

Tu peux t'autoriser à..............................

....

....

....

Affirmations à utiliser pour être confiante !

Change l'image que tu as de toi-même, et deviens la meilleure de toi-même.

Se sentir belle et confiante est la clé pour devenir la femme que tu veux être.

Prononce ces petites phrases pour entraîner ta conscience à y croire et avoir confiance en toi. Tu finiras par croire les mots que tu dis, même si ce n'est pas le cas pour l'instant.

J'ai un pouvoir de séduction.
Je suis unique et mystérieuse.
Je rayonne de confiance partout où je vais.
Je peux obtenir tout ce que je veux.
Je ne me laisse pas impressionner par les comportements des autres.
Je suis belle et charismatique.
Je suis en constante évolution, et chaque jour, je deviens plus forte.
Je mérite le succès et le bonheur dans ma vie.
Mes imperfections me rendent unique, et c'est une belle chose.
Chaque défi est une opportunité de grandir et d'apprendre.
Mon opinion de moi-même est la plus importante, et elle est positive.
Je suis la personne la plus importante dans ma vie, et je prends soin de moi.

"Apprends à t'aimer et à t'accepter telle que tu es, et sois bienveillante envers toi-même en te pardonnant pour tes erreurs passées."

Apprendre à s'aimer, c'est se donner la permission d'être imparfaite et se traiter avec gentillesse et compassion. Lorsqu'on est capable de ça, les autres perçoivent immédiatement cette sécurité intérieure, et nous devenons hors d'atteinte des critiques et des jugements négatifs.

Chacun d'entre nous est unique et merveilleux. L'acceptation de soi consiste à reconnaître et à aimer ses différences et ses imperfections plutôt que de les rejeter ou de tenter de les cacher. Il est essentiel de comprendre que personne ne peut être parfait aux yeux de tous. Chacun aura son propre avis sur ce qui est selon lui beau ou pas. L'acceptation de soi nous permet de vivre en harmonie et en paix avec qui nous sommes réellement, plutôt que de lutter constamment pour atteindre des normes irréalistes.

Trop souvent, nous sommes durs envers nous-mêmes, nous nous critiquons et nous ne nous pardonnons pas facilement nos erreurs.

La bienveillance envers soi-même consiste à remplacer ces pensées et ces comportements négatifs par des attitudes plus compatissantes et positives.

Rappelle-toi, nous ne sommes pas parfaites et faisons toutes des choix que nous regrettons parfois. Mais cela ne signifie pas que nous ne sommes pas de bonnes personnes. Te pardonner à toi-même est essentiel pour avancer dans ta vie. Tu dois admettre que tu es humaine, que tu as le droit de faire des erreurs, mais que tu peux apprendre et grandir à partir de ces expériences. Se pardonner est un acte de libération qui te permet de t'autoriser à vivre le meilleur.

“C’est à toi de définir ta valeur, ne confonds jamais ce qu’on t’offre et ce que tu vaux.”

Tu n'es pas une machine.

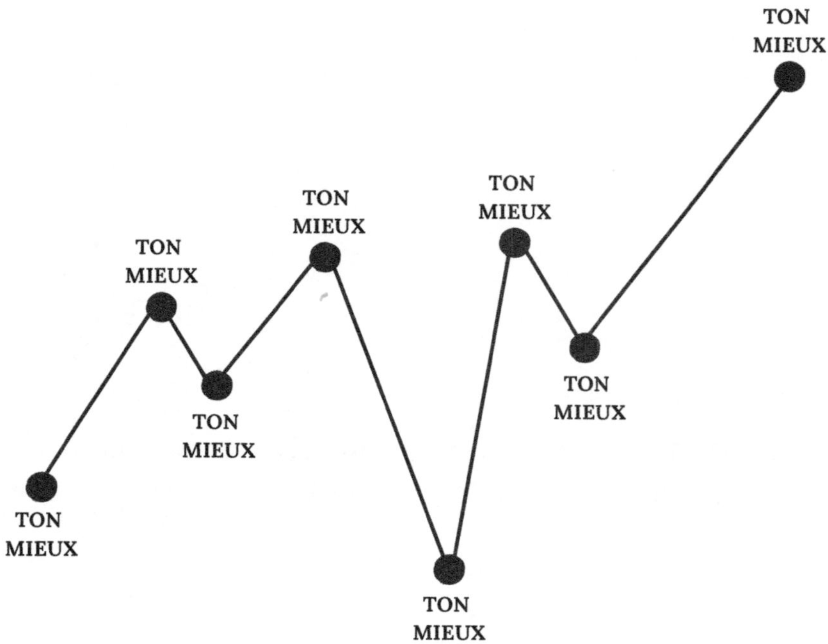

TA TRANSFORMATION PERSONNELLE

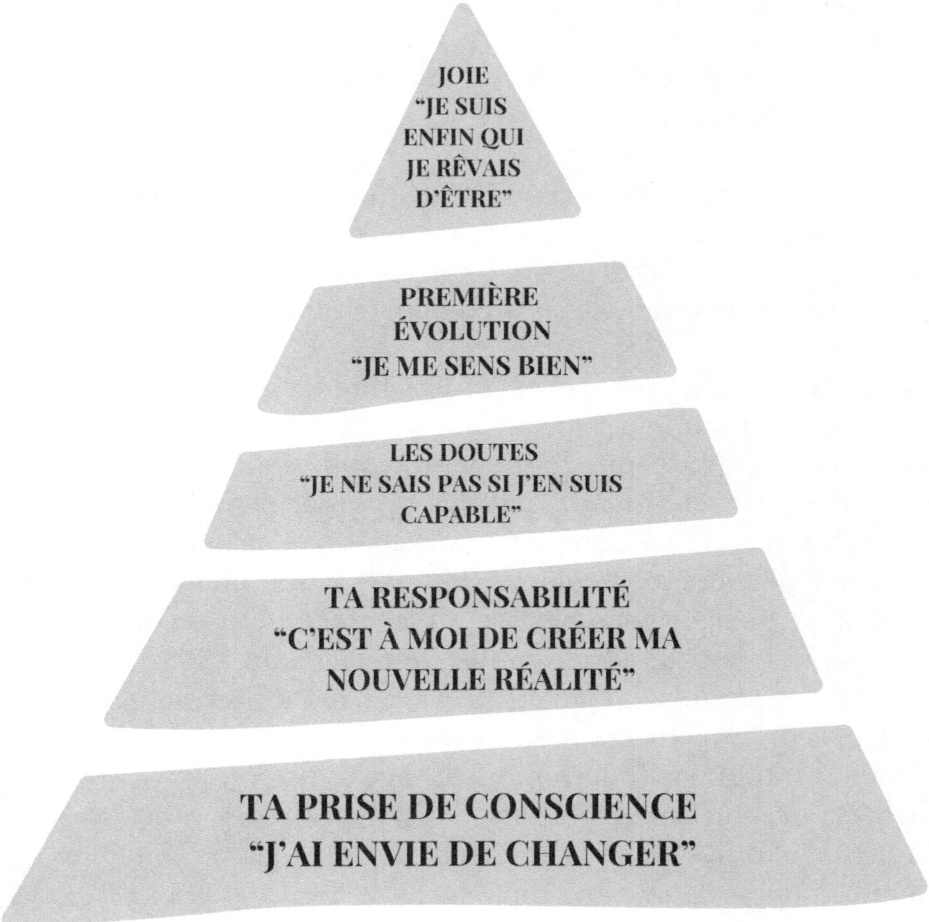

"Ne néglige pas ton monde intérieur, car il détermine ton monde extérieur"

T'es-tu déjà sentie irritée parce que tu avais mal dormi ? Lorsque tu es anxieuse, as-tu déjà imaginé des scénarios catastrophes ? Si c'est le cas, c'est tout à fait normal. Notre corps a un impact direct sur la manière dont on se comporte et sur nos pensées.

Le corps donne en permanence des informations à notre tête par l'intermédiaire de notre système nerveux. Il y a donc un lien direct entre les signaux à l'intérieur de notre corps, nos pensées, nos émotions et nos comportements.

Rappelle-toi que ton corps fonctionne comme un "logiciel" interne, en mode automatique. Programmé par tes expériences, ton environnement, ton éducation et tes croyances, il a été installé pour te protéger et te maintenir en vie. Mais son fonctionnement automatique provoque le plus souvent des comportements "réflexes" qui obéissent avant tout à la peur psychologique. Cette peur, qui se manifeste lorsque tu veux changer, prendre une décision, t'affirmer, être vue et entendue t'empêche de passer à l'action pour choisir d'être celle que tu veux vraiment être. Mais, si tu apprends comment tout ça fonctionne, tu peux mettre ton corps au service de ton mental et de ta vie. Tu peux reprendre le contrôle sur ce fonctionnement automatique et ne plus te sentir impuissante, en retrouvant toute ta liberté et ta confiance.

" N'oublie pas de sourire,

ça fera plaisir à ceux que tu aimes

et tu enverras des signaux positifs

à ton corps et à ta tête. "

"Apprends à connaître ce monde invisible à l'intérieur de toi qui te contrôle pour retrouver ta liberté et ta confiance en toi"

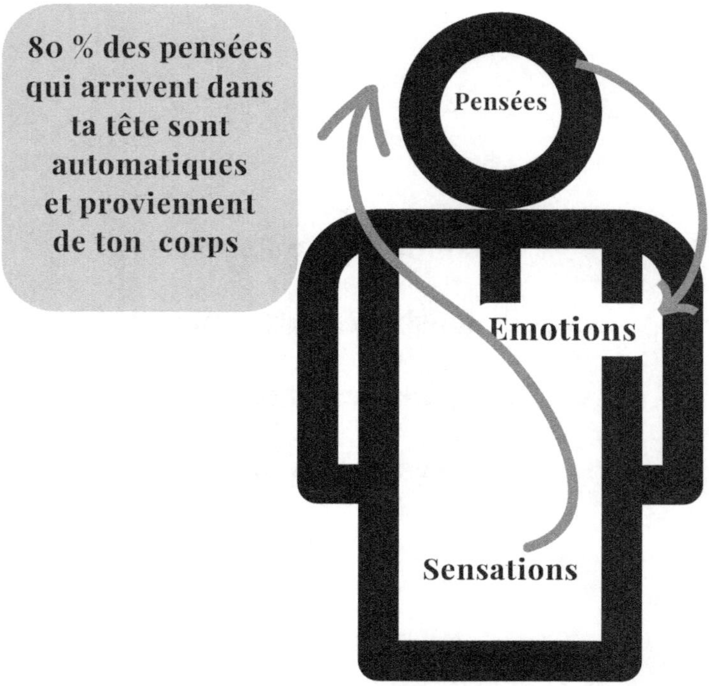

Rappelle-toi que pour changer tes pensées, réguler tes émotions et renforcer ta confiance en toi, tu dois commencer par t'occuper des sensations dans ton corps. Si ton mental peut embrouiller ton esprit, ton corps, lui, ne te ment jamais. Si tu l'écoutes attentivement, tu pourras rapidement sortir de tes pensées et de tes émotions négatives pour retrouver suffisamment de motivation et de confiance en toi pour croire en ton Glow up.

3

CRÉE TON PLAN DE TRANSFORMATION

Fixe-toi des objectifs personnels

Écris tes objectifs, même ceux que tu ne penserais jamais atteindre aujourd'hui. Il peut s'agir de projets professionnels, personnels ou même d'objectifs sur le plan émotionnel, tel que le fait de ressentir quotidiennement de la joie, de l'amour, de la compassion, de la gratitude...

Ici, il ne faut pas réfléchir à « comment » tes objectifs vont se réaliser. Ton seul travail, à cette étape, est d'établir la liste de tes vœux. Prends soin de la liste sans négation. Par exemple, n'écris pas « Je ne veux plus être indécise. » mais « Je passe à l'action."

Écris-les ici :

. . . .

. . . .

. . . .

. . . .

. . . .

. . . .

. . . .

. . . .

. . . .

. . . .

. . . .

. . . .

. . . .

. . . .

“Tu n’as pas besoin de voir le haut de l’escalier pour monter sur la première marche”

"Je ne sais pas par où commencer, je n'arrive pas à m'organiser, je n'ai pas assez de temps... "

- Fais une liste des tâches que tu dois accomplir. Cela peut t'aider à visualiser ce qui doit être fait.

- Priorise les tâches en fonction de leur importance et de leur urgence. Commence par les plus importantes et les plus urgentes.

- Divise les grandes tâches en petites tâches. Cela rendra plus facile le passage à l'action.

- Ne cherche pas à tout faire parfaitement. Tu pourras toujours améliorer plus tard si c'est nécessaire.

- Utilise un agenda, un calendrier électronique ou une application de gestion des tâches, pour noter tes engagements.

- Crée ta routine quotidienne pour te mettre en énergie (étirements, méditation, séance de sport, exercices de respirations...)

- Élimine les distractions lorsque tu es occupée à des tâches importantes, en mettant par exemple ton téléphone en mode silencieux ou en désactivant les notifications inutiles.

- Apprends à dire non lorsque tu n'as pas le temps, et ne prévois pas trop de choses à faire pour éviter de te mettre en situation de t'en vouloir de ne pas l'avoir fait.

- Réfléchis pour savoir comment tu utilises ton temps actuellement. Tu pourrais découvrir que tu consacres beaucoup de temps à des activités qui ne sont pas très importantes.

- Prends soin de ton bien-être en veillant à inclure du temps pour te détendre, prendre soin de toi, faire de l'exercice physique et respecter tes besoins de sommeil. Tu gagneras en efficacité et en vitalité.

"Dans ton plan de transformation, ne sois pas trop dure et trop exigeante avec toi-même"

Se respecter, écouter son corps et ses ressentis est essentiel pour aller au bout de nos projets. Une fois que tu as déterminé tes objectifs, et mis en place des stratégies pour mieux organiser ton temps et être plus efficace dans tes tâches, tu dois aussi apprendre à mieux organiser ta vie quotidienne. Pour cela, tu dois respecter ton propre rythme, notamment en éliminant tout ce qui gaspille ton énergie et détruit ta confiance en toi.

Notre énergie fluctue en permanence et c'est normal. Nous ne sommes pas toujours motivés et en énergie. Parfois, nous sommes fatigués, et nous n'avons pas le courage de faire certaines choses. S'imposer un rythme et une pression excessive pour réussir à tout prix, quelles que soient les circonstances, peut entraîner un stress et une anxiété chronique. Cette attitude détériore notre santé physique et notre confiance en nous.

Pour éviter l'épuisement, nous devons agir avec nous-mêmes et non contre nous-mêmes. C'est-à-dire adapter nos comportements et nos actions à notre état cérébral et à notre énergie.

Rappelle-toi que la poursuite de tes objectifs de transformation devrait être une expérience positive et gratifiante, plutôt qu'une source constante de stress et de frustration. Quand tu te sens en énergie positive, profite-en pour faire tout ce qui te demande un effort, et quand tu es en énergie basse, adapte tes tâches en faisant ce qui te demande peu d'effort ou utilise ces moments pour te reposer. Pour créer un plan de transformation durable et épanouissant, tu dois t'accepter telle que tu es et adapter tes tâches à tes humeurs et à ton niveau d'énergie.

Je RESPECTE mon niveau d'énergie :

Énergie haute positive

Travailler, ranger, trier, faire du sport, faire la fête, faire du sport, chanter, faire des vidéos...

Énergie basse positive

Regarder un film, méditer, écouter de la musique, lire, se reposer...

Je ne RESPECTE PAS mon niveau d'énergie :

Énergie haute négative

Résistance, jugement, colère, conflit, frustration, énervement...

Énergie basse négative

Découragement, manque de confiance, fatigue, impuissance, procrastination...

Ton énergie est limitée, tu dois en prendre soin !

Qu'est ce qui me met en énergie et que je dois faire **plus** souvent ?

. . . .

. . . .

. . . .

. . . .

. . . .

. . . .

. . . .

Qu'est-ce qui me prend trop d'énergie et que je peux faire **moins** souvent ?

. . . .

. . . .

. . . .

. . . .

. . . .

. . . .

. . . .

Qu'est-ce qui gaspille mon énergie et que je dois **arrêter** de faire ?

. . . .

. . . .

. . . .

. . . .

. . . .

. . . .

. . . .

. . . .

go

Qu'est-ce que j'aimerais **faire** avec passion ?

. . . .

. . . .

. . . .

. . . .

. . . .

. . . .

. . . .

. . . .

“La loi d’attraction”

Selon la loi d’attraction, chacun d’entre nous peut demander à l’Univers tout ce qu’il désire. On pourrait alors naïvement croire que c’est la solution facile à tous nos problèmes. Mais ce n’est pas le cas. Pour que la loi d’attraction fonctionne, il faut savoir l’utiliser. La première étape est de définir son intention, par écrit : « Je pose l’intention d’être..., de vivre... ». Il est essentiel de rédiger cette lettre avec une véritable foi et une énergie positive pour que nos désirs se manifestent vraiment dans la réalité. Être sincère est un excellent moyen de pratiquer la loi d'attraction, car quand on parle de son projet avec détermination et passion, on dégage quelque chose de positif autour de soi, attirant ainsi les bonnes vibrations et bonnes personnes.

Dans la loi d’attraction, on dit aussi que l’Univers ne fait pas la différence entre ce qu’on veut et ce qu’on a déjà. Si on se met à penser chaque jour à la réalisation de son rêve comme si celui-ci avait déjà eu lieu dans sa vie, l’Univers va s’accorder à cette vibration et nous permettre de le réaliser.

Rappelle-toi, si tu veux que la loi d’attraction se manifeste dans ta vie, il ne faut jamais douter du fait que ton rêve se réalisera et avoir conscience que réussir ne signifie pas ne jamais échouer ! Si tu cesses d’y croire à la première difficulté, alors la loi d’attraction ne fonctionnera pas. Les plaintes, les pensées négatives, les « je n’y arriverai pas » t’éloignent de la concrétisation de tes rêves. Crois-en-toi pour que l’Univers puisse aussi croire en toi et t’accorder son aide. Pour que la loi d’attraction agisse, il faut éprouver de la gratitude dans ta vie. Chaque jour, trouve autant de raisons que tu peux pour remercier l’univers de la journée passée et du moment présent. L’Univers trouvera d’autres raisons de nourrir ta gratitude en réalisant tes rêves.

“Ce que tu penses,

TU LE DEVIENS

Ce que tu ressens,

TU L’ATTIRES

Ce que tu imagines,

TU LE CRÉES”

BOUDDHA

“Exemple de lettre d’intention à l’Univers pour vivre le grand amour ”

À l'Univers,

Alors que je prends un moment pour mettre des mots sur mes sentiments et mes désirs les plus profonds, je me tourne vers toi, Univers, en quête d'amour et de connexion.

J'ai souvent ressenti l'envie de vivre une histoire d'amour profonde et authentique, une union, où deux âmes se retrouvent pour créer une harmonie parfaite. Aujourd'hui, je mets clairement cette intention devant toi, désireuse de voir ce souhait se réaliser dans ma vie.

Je demande avec gratitude et espoir de rencontrer la personne avec qui je pourrais partager des rires, des larmes, des rêves et des réalités. Que nos chemins se croisent par les énergies positives que j'envoie maintenant.

Je pose l’intention de devenir la meilleure version de moi-même pour être prête à accueillir ce grand amour. Je comprends qu'avant de demander à recevoir, je dois être prête à m’aimer, à donner, à partager, à m'ouvrir et à y croire.

Cher Univers, je vous remercie pour toutes les bénédictions que vous m'avez déjà accordées et pour celles à venir. J'ai foi que tu entendras mon appel et guideras mon cœur vers la rencontre de cette âme-sœur.
Avec gratitude et espoir.

Fait à . . . .

Le . . . .

Signature . . . .

Ma lettre d'intention à l'Univers

À l'Univers,

. . . .

. . . .

. . . .

. . . .

. . . .

. . . .

. . . .

. . . .

. . . .

. . . .

. . . .

. . . .

. . . .

. . . .

. . . .

. . . .

. . . .

. . . .

. . . .

. . . .

Exercice de Visualisation

Chaque matin en te réveillant, prends quelques minutes pour visualiser dans ton esprit la réalisation de ton projet, jusqu'à ce que tu ressentes la joie d'y être parvenue.

Cela va te permettre de faire vivre ton rêve, en lui donnant une forme précise et concrète.

Prends du temps pour te projeter vers ce projet :

- Comment ça se déroule ?
- Comment j'agis ?
- Qu'est-ce que je ressens ?

Tu dois ressentir cette joie dans tout ton corps.

Une belle journée peut alors commencer, avec une grande motivation.

Les trois étapes du processus créatif pour appliquer la Loi d'attraction au quotidien :

1 Demander

Demander, en étant le plus sincère possible et en formulant toujours positivement ses vœux, car l'univers ne comprend pas la négation.

2 Croire

Ici, pas de place au doute. Si tu doutes, tu attireras des doutes. Il faut être totalement confiant. Généralement, quand on va dans la bonne direction, on le sent au fond de soi, sans forcément pouvoir l'expliquer. Comme si c'était une évidence, comme si on était à la bonne place au bon moment.

3 Recevoir

Après les deux premières étapes, vient le moment de la réception. La loi d'attraction exige d'avoir l'esprit ouvert et réceptif pour pouvoir saisir les opportunités offertes par l'Univers. C'est l'Univers qui va t'envoyer les signes et les moyens pour parvenir à réaliser tes objectifs. Parfois, lorsqu'on rencontre des embûches, lorsque tout est compliqué, c'est peut-être le signe que cela ne doit pas se faire. Mais tu peux toujours te poser la question : suis-je vraiment sur la bonne voie ? Bien souvent, c'est un signe que la réponse est non. Mais attention, cela ne signifie pas qu'il faille abandonner dès que les choses se compliquent.

"Il y a 3 règles,

Si tu ne poursuis pas ce que tu veux, tu ne l'auras jamais,

Si tu ne demandes pas, la réponse sera toujours non,

Si tu ne fais pas un pas en avant, tu resteras au même endroit."

“Carnet de Gratitude”

Chaque jour, note un mot ou une courte phrase pour exprimer ta gratitude.

Cela peut inclure ton moment préféré de la journée, un compliment récent que tu as reçu, tes qualités personnelles, le dernier éclat de rire que tu as partagé, ce que tu as appris aujourd'hui, et bien plus encore.

4

PRENDS SOIN DE TON BIEN-ÊTRE PHYSIQUE ET MENTAL

"Si tu prends soin de toi et que tu t'acceptes telle que tu es, tu rayonneras de beauté et d'assurance"

La beauté intérieure est bien plus importante que les normes de beauté conventionnelles. L'apparence physique n'est qu'un aspect de notre identité. Il est néanmoins nécessaire d'en prendre soin, car l'image que nous avons de nous-mêmes a des effets sur notre bien-être mental. Notre corps communique en permanence avec notre esprit et envoie des messages qui ont une conséquence directe sur l'image de soi, l'estime de soi et sur la confiance en soi.

Mais cette confiance n'existe qu'au moment où on s'accepte tel qu'on est, avec toutes ses imperfections et ses différences. Il ne faut pas se comparer aux autres en cherchant à atteindre des normes de beauté irréalistes. Cela détruit toute estime de soi, alors qu'elle est indispensable à la confiance en soi. Et c'est bien cette étape qui est la clé de ton Glow up.

Le naturel et l'authenticité seront toujours supérieurs aux fausses apparences. Lorsqu'on est vrai et qu'on ne cherche pas à se conformer à tout prix aux attentes des autres, on dégage une beauté naturelle qui s'impose facilement et naturellement. La beauté prend de nombreuses formes et tailles et ce qui est beau pour une personne ne l'est pas forcément pour une autre. Il est donc essentiel de ne pas juger la beauté en fonction de critères définis.

Rappelle-toi que la beauté réelle apparaît seulement lorsqu'on ne cherche pas à plaire aux autres. Lorsque tu te sens bien dans ta peau, cela se voit naturellement dans ton apparence. Tu peux être belle tout au long de ta vie, car la beauté authentique et durable provient de l'intérieur. C'est en te concentrant sur ton épanouissement et ton propre bonheur que tu rayonneras de beauté.

EXERCICES DE YOGA : 7 minutes pour se détendre et mettre ton corps en confiance et en sécurité

5 min de méditation

30 secondes

20 secondes

20 secondes

20 secondes

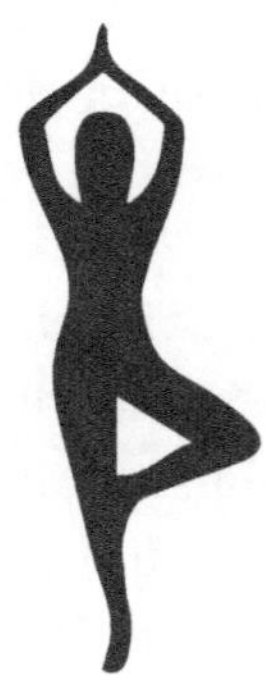

20 secondes

"La beauté n'est pas seulement physique, c'est aussi une question d'attitude. Sois belle à ta manière, sois unique, sois toi-même."

Glow Up Tips 1

Prends soin de tes cheveux !

Utilise des soins capillaires de qualité. Prends le temps de chouchouter tes cheveux en utilisant des produits adaptés à ton type de cheveux. Hydrate-les régulièrement avec des masques nourrissants, par exemple, fixe-toi une routine tous les dimanches ! Coupe-les si nécessaire pour éviter les pointes fourchues, et n'hésite pas à expérimenter de nouvelles coiffures pour te sentir belle et confiante.

Okay

Glow Up Tips 2

Prends soin de tes ongles !

Nourris et entretiens tes ongles. Des ongles bien entretenus ajoutent une touche d'élégance à ton apparence. Pour cela, veille à bien les couper et les limer régulièrement pour éviter qu'ils ne deviennent pas trop longs ou cassants. Applique une huile à cuticules pour les hydrater. Opte pour une manucure propre et soignée naturelle, ou expérimente des couleurs de vernis qui reflètent ta personnalité.

Okay

Glow Up Tips 3

L'importance de sourire !

Le sourire est l'un des moyens les plus simples et les plus puissants pour améliorer instantanément ton apparence et ton aura. Il ne coûte rien, mais il peut faire une énorme différence dans la façon dont les autres te perçoivent. Sourire non seulement te fait paraître plus amical et accessible, mais il booste aussi ton propre moral. Alors, n'oublie pas de sourire plus souvent, que ce soit dans un miroir, face aux autres, ou simplement pour toi-même.

Okay

Glow Up Tips 4

Crée-toi une routine d'exercices physiques !

L'exercice physique régulier est l'un des piliers d'un Glow up réussi. Il te permet de prendre soin de ton corps, de renforcer ta confiance en toi et d'améliorer ta santé mentale. Que ce soit la marche, la course, le yoga, la danse ou la musculation, trouve une activité physique que tu aimes et que tu peux intégrer dans ta routine quotidienne. Non seulement l'exercice améliore ta forme physique, mais il libère également des endorphines qui te procurent une sensation de bien-être et de confiance en toi.

Okay

MES MOMENTS POUR PRENDRE SOIN DE MOI

Écris dans chaque case les choses que tu aimes faire pour prendre soin de toi et qui te font du bien.

Pour avoir une peau parfaite !

* Boire au minimum 1 litre d'eau par jour.
* 30 minutes d'exercices ou plus, 3 fois par semaine.
* Boire du thé vert.
* Manger équilibré et sainement.
* Faire du Yoga
* Rincer son visage chaque soir à l'eau claire.
* Dormir suffisamment.
* Appliquer un masque une fois par semaine.
* S'hydrater régulièrement la peau, avec des crèmes de qualités

Tips : L'application de froid sur ton visage peut être une étape rafraîchissante et bénéfique pour ta routine beauté. L'eau froide ou les produits de soin conçus pour rafraîchir la peau peuvent aider à réduire l'inflammation, à resserrer les pores et à augmenter la circulation sanguine. Tu peux utiliser des glaçons enveloppés dans un tissu doux, les tapoter rapidement sur ton visage, pour une sensation de fraîcheur. Cette étape rapide peut te donner un teint éclatant et revitalisé.

Okay

Glow Up Tips 5

Protège ta peau avec de la crème solaire !

L'utilisation quotidienne d'une crème solaire est un geste essentiel pour préserver la jeunesse de ta peau et la protéger des dommages causés par les rayons UV du soleil. Une exposition excessive au soleil peut entraîner un vieillissement prématuré, des taches brunes, et même un risque accru de cancer de la peau. En appliquant une crème solaire avec un facteur de protection solaire (FPS) approprié, tu protèges ta peau des effets néfastes du soleil, et tu préviens également le photo-vieillissement. Alors n'oublie pas d'utiliser de la crème solaire tous les jours, même par temps nuageux.

Okay

Glow Up Tips 6

Prends soin de toi avec un auto-massage facial !

Le massage du visage est une pratique bénéfique pour ta peau et ton bien-être. En prenant quelques minutes chaque jour pour masser délicatement ton visage, tu améliores la circulation sanguine, détends les muscles du visage et favorises une apparence radieuse. Utilise une huile ou une crème hydratante adaptée à ton type de peau pour rendre le massage plus fluide. Tu peux cibler des zones telles que le front, les joues, le cou et le contour des yeux. Non seulement cela te permet de te détendre, mais cela contribue également à une meilleure absorption des produits de soin appliqués par la suite. Un auto-massage facial régulier peut te donner une peau plus lumineuse et une sensation de détente, ce qui fait partie intégrante de ton Glow up.

Okay

Masque hydratant à l'avocat pour les cheveux :

Écrase un avocat mûr et mélange-le avec une cuillère à soupe d'huile d'olive. Applique ce mélange sur tes cheveux humides, laisse agir pendant 20 à 30 minutes, puis rince abondamment. Cela nourrira et hydratera tes cheveux en profondeur.

Okay

Rincage au vinaigre de cidre pour les cheveux :

Mélange une cuillère à soupe de vinaigre de cidre avec de l'eau et utilise-le comme dernier rinçage après le shampoing. Cela peut aider à éliminer les résidus de produits capillaires, à équilibrer le pH du cuir chevelu et à donner de la brillance aux cheveux.

Okay

Gommage au sucre pour la peau :

Mélange du sucre granulé avec de l'huile d'olive pour créer un gommage corporel naturel. Applique-le sur ta peau en effectuant des mouvements circulaires doux, puis rince. Cela éliminera les cellules mortes de la peau, laissant une peau douce et lisse.

Okay

Infusion de camomille pour les yeux fatigués :

Fais infuser des sachets de thé à la camomille dans de l'eau chaude, laisse-les refroidir au réfrigérateur, puis place-les sur tes yeux fermés pendant quelques minutes. Cela peut réduire les poches sous les yeux et apaiser les yeux fatigués.

Okay

Attention :

Ces recettes de grands-mères sont simples, naturelles et souvent très efficaces. Cependant, il est important de noter que chaque personne a une peau et des cheveux différents, alors assure-toi de faire un test avant d'appliquer de nouveaux ingrédients sur ta peau ou tes cheveux pour éviter toute réaction allergique !

Okay

Glow Up Tips 10

L'organisation !

Clarté mentale : Un espace propre et bien organisé peut aider à apaiser l'esprit. Le désordre peut provoquer du stress et de l'anxiété, tandis que le rangement favorise la clarté mentale.

Productivité : Un espace organisé te permet de trouver plus facilement ce dont tu as besoin. Cela peut t'aider à gagner du temps le matin, à te préparer plus efficacement et à être plus productive.

Bien-être : Trier et ranger ta chambre te donnent une sensation de maîtrise sur ton environnement. Cela peut te procurer un sentiment de satisfaction et de fierté, ce qui est important pour ton bien-être général.

Glow up intérieur : Un espace propre et organisé peut aussi te donner l'occasion de te connaître toi-même. En triant et en décidant ce qui est vraiment important pour toi, tu te rapproches de ton "vrai toi".

Okay

Quel est ton “toi idéal”, mentalement et physiquement ?

. . . .

. . . .

. . . .

. . . .

. . . .

. . . .

. . . .

. . . .

. . . .

. . . .

. . . .

. . . .

. . . .

. . . .

. . . .

. . . .

. . . .

. . . .

. . . .

. . . .

. . . .

TIPS

"Tiens-toi droite ; quand tu es bossue, ça donne l'impression que tu n'as pas confiance en toi."

SOINS PERSONNELS

Qu'est-ce que je peux faire pour mon bien-être physique ?
(Yoga, sport, soin du corps...)

“Je suis vraiment fière de ce que tu deviens, ton état d’esprit a changé, tes priorités ont changé. Tu évolues, et je suis à 100% avec toi.”

Janvier

*Adopte une routine de soins pour ta peau.
*Lis un livre de développement personnel.

Okay

Février

*Trie et fais du ménage dans ton espace de vie.
*Crée une routine d'exercices hebdomadaires progressifs.

Okay

Mars

*Mets en place une routine de gratitude.
*Passe plus de temps avec les gens que tu aimes.
*Agis plus positivement.

Okay

Avril

*Prépare des repas équilibrés et réduis ta consommation d'aliments transformés.
*Vis l'instant présent.

Okay

Mai

*Fais des exercices de méditation, et de gestion du stress en respirant à fond.
*Apprends une nouvelle compétence.

Okay

Juin

*Enregistre une playlist pour être en joie et en énergie.
*Fais 30 squats par jour pendant 1 mois.
*Prends soin de tes cheveux.

Okay

Juillet

*Fais un masque du visage une fois par semaine.

*Arrête les sodas et la caféine pendant 1 mois.

Okay

Août

*Dors au minimum 8 heures par nuit.

*Finis ta douche à l'eau froide tous les matins.

Okay

Septembre

*Fais-toi un cadeau de toi à toi.
*Essaie de nouvelles coiffures.
*Passe moins de temps sur les écrans.

Okay

Octobre

*Bois 8 verres d'eau par jour minimum.
*Fais-toi au moins 3 compliments par jour pendant 1 mois.

Okay

Novembre

*Teste une nouvelle activité.
*Unfollow toutes les personnes toxiques pour toi sur les réseaux.

Okay

Décembre

*Écoute un podcast inspirant chaque matin en te préparant.
*Fais des compliments à tes proches.

Okay

MA PARTIE JOURNAL

Bien-être

Quels sont les soins de beauté que j'ai utilisés aujourd'hui pour prendre soin de ma peau et de mes cheveux ?

Comment je me suis sentie lorsque j'ai pris le temps de prendre soin de moi aujourd'hui ?

Quels sont mes rituels de bien-être préférés ? Comment puis-je les intégrer plus régulièrement dans ma routine ?

Beauté

Quels sont les moments de la journée où je me sens le plus en confiance et rayonnante ?

Quels sont les aspects de mon apparence physique que j'apprécie le plus ? Comment puis-je les mettre en valeur ?

Quels sont les produits de beauté ou les astuces que j'aimerais essayer pour améliorer ma routine beauté et bien-être ?

Alimentation

Quels sont les aliments qui me font me sentir énergique et en bonne santé ?

▶ ▶
▶ ▶
▶ ▶
▶ ▶

Comment puis-je intégrer davantage d'aliments nutritifs dans mon alimentation quotidienne ?

Quelles émotions sont associées à mes choix alimentaires d'aujourd'hui ? Ai-je mangé par ennui, tristesse, stress ou faim réelle ?

ALimentation

Quels sont les objectifs alimentaires que je souhaite atteindre pour améliorer ma santé et mon bien-être ?

Ai-je pris le temps de savourer mes repas en mangeant en pleine conscience aujourd'hui ?

Exercices Physiques

Quel type d'activité physique ai-je pratiqué aujourd'hui, et comment cela a-t-il influencé mon niveau d'énergie et mon humeur ?

Quels sont mes objectifs en matière d'exercice physique à court et long terme ? Comment puis-je planifier mes séances d'entraînement pour les atteindre ?

Ai-je découvert de nouvelles activités physiques que j'aimerais essayer pour diversifier ma routine ?

Exercices Physiques

Quelles sont les sensations physiques et émotionnelles que j'éprouve pendant et après l'exercice ? Suis-je plus détendue, énergique, etc. ?

Comment puis-je maintenir ma motivation à long terme pour rester active et en bonne santé ?

Comment puis-je célébrer mes progrès et mes réalisations en matière d'exercice ?

8 choses à arrêter pour devenir la meilleure version de toi-même :

Arrête de vouloir plaire à tout le monde.

Arrête de craindre le changement.

Arrête d'avoir peur d'être différente.

Arrête de penser que tu ne peux pas y arriver.

Arrête de t'adapter à tout le monde.

Arrête de ne pas faire ce que tu aimes par peur d'être jugée.

Arrête d'entretenir des croyances limitantes.

Arrête de parler de toi de manière négative.

Arrête de vivre dans le passé.

Ce que je vais faire à partir de maintenant pour me sentir bien tous les jours :

“Je le veux, je l’ai.”

5

CULTIVE DES RELATIONS POSITIVES

“Les jeux de rôles qui nous enferment dans de mauvaises relations ”

Stephen Karpman est un psychiatre américain qui a identifié des jeux de rôles psychologiques à l’origine de souffrances dans les relations. Trois rôles peuvent être joués, entre deux ou plusieurs personnes et il arrive aussi que chacun interprète plusieurs personnages, l’un après l’autre en fonction des circonstances. Ces trois personnages que nous connaissons tous sont le Persécuteur, le Sauveur et la Victime.

Le Persécuteur a besoin de dominer et d'établir des règles que les autres doivent respecter. Il a naturellement tendance à critiquer, juger, dévaloriser voire, manipuler les personnes autour de lui. Mais contrairement à ce que l'on peut penser, le persécuteur n'a pas une bonne estime de lui-même, au contraire.

Le Sauveur quant à lui cherche la reconnaissance qu'il ne s'accorde pas lui-même, auprès des autres en aidant notamment ceux qui paraissent faibles et en difficulté. Il donne des conseils, même lorsqu'on ne lui en demande pas.

Enfin, la Victime pense que ce qui lui arrive n’est pas de sa faute. Elle subit, se sent impuissante et sans espoir. Sa tendance à, se dévaloriser et à se sentir persécutée l’empêche de passer à l’action.

Rappelle-toi, quels que soient tes différents rôles ou ton rôle principal dans tes relations avec les autres, ils t'empêchent toujours d'entretenir les relations positives et harmonieuses indispensables à ta croissance personnelle et à ton Glow-up. Ce triangle dramatique est un piège. Tu dois en sortir en apprenant à t'affirmer et en ayant une bonne estime de toi.

“Le triangle dramatique des relations”

Le Persécuteur,
il établit les règles, il critique, juge et dévalorise les autres.

Le Sauveur
vient en aide aux autres pour éviter de s’occuper de lui-même et pour obtenir de la reconnaissance.

La Victime,
Tout est de la faute des autres, et elle se sent impuissante à agir.

T'arrive-t-il de parler positivement de toi ? Si oui, dans quelles circonstances ?

. . . .

. . . .

. . . .

. . . .

. . . .

. . . .

Acceptes-tu facilement les compliments ? Sinon, pourquoi ?

. . . .

. . . .

. . . .

. . . .

. . . .

. . . .

Ton estime de toi a-t-elle tendance à varier en fonction des circonstances ou en fonction des domaines de ta vie ? Si oui, dans quel domaine est-elle la plus fragile ?

. . . .

. . . .

. . . .

. . . .

. . . .

. . . .

Es-tu sensible aux critiques et aux remarques des autres ?

. . . .

. . . .

. . . .

. . . .

. . . .

. . . .

Dans quels domaines de ta vie, ton estime de toi est-elle la plus haute et la plus basse ? (réussite personnelle ou professionnelle, apparence physique, popularité, famille...)

. . . .

. . . .

. . . .

. . . .

. . . .

. . . .

Ton estime de toi dépend-elle de facteurs extérieurs, tels que les signes extérieurs de réussite (sacs, bijoux, voitures...), les succès, les personnes avec lesquelles tu es, ... ?

. . . .

. . . .

. . . .

. . . .

. . . .

. . . .

Comment pourrais-tu baser ton estime de toi uniquement sur toi-même, pour que ta confiance en toi ne dépende plus de ce que tu ne peux pas contrôler ?

. . . .

. . . .

. . . .

. . . .

. . . .

. . . .

. . . .

. . . .

. . . .

. . . .

. . . .

. . . .

. . . .

. . . .

. . . .

. . . .

. . . .

. . . .

“Quoi qu’il arrive, ne prends pas les choses personnellement.”

Accord Toltèque

Les signes d'une mauvaise estime de soi

je suis susceptible

Je me compare et je me dévalorise

J'ai du mal à dire NON

J'ai peur d'être jugée

CE QUE JE FAIS ~~N'EST JAMAIS~~ PARFAIT

Je n'arrive pas à prendre de décisions

Culpabilité

J'ai peur du conflit

Anxiété chronique

Je ne me sens pas à la hauteur

Je me dénigre et je me juge sévèrement

J'AI DES COMPLEXES

J'ai besoin de reconnaissance

Je suis très sensible aux critiques des autres

Je fais beaucoup de suppositions sur ce que pensent les autres

Prends un moment pour noter ici toutes les critiques que tu te fais et tout ce que tu n'aimes pas chez toi.

. . . .

. . . .

. . . .

. . . .

. . . .

. . . .

. . . .

. . . .

. . . .

. . . .

Maintenant, prends un moment pour relire tout ce que tu as écrit. Te rends-tu compte que tu peux être très dure envers toi-même ? Est-ce que tu crois vraiment que tu mérites de penser tout ça sur toi ?

Prononce à haute voix toutes ces critiques. Est-ce que tu prends conscience de leur impact ?

À partir d'aujourd'hui, aie confiance en toi. Toutes ces pensées et critiques ne te définissent pas. C'est le début d'une nouvelle étape pour toi, tu choisis désormais de te traiter avec bienveillance et de prendre un nouveau départ avec une meilleure l'estime de toi. Tu peux déchirer cette page si ça te fait du bien.

Écris ici tout ce que tu aimes chez toi, et lis-le à haute voix.

Relis toutes ces phrases dès que tu en ressens le besoin, ou que tu as des pensées négatives envers toi-même.

Quelles sont tes croyances dans le domaine des relations ?

Si je m'exprime et que je montre mes émotions, les autres pourraient dire ou penser que ...

. . . .

. . . .

. . . .

. . . .

. . . .

. . . .

Si j'exprime mes émotions, je risquerais de ...

. . . .

. . . .

. . . .

. . . .

. . . .

. . . .

Si j'exprime mes besoins, alors ...

. . . .

. . . .

. . . .

. . . .

. . . .

. . . .

Si je dis honnêtement ce que je pense, alors ...

. . . .

. . . .

. . . .

. . . .

. . . .

. . . .

Pour être reconnue et avoir de la valeur je dois ...

. . . .

. . . .

. . . .

. . . .

. . . .

. . . .

Pour être respectée, je ne peux pas ...

. . . .

. . . .

. . . .

. . . .

. . . .

. . . .

"Je voudrais que les autres me comprennent, mais je ne m'autorise pas à exprimer mes émotions."

Nous pouvons être tentés de retenir nos émotions pour différentes raisons en lien avec nos expériences passées, nos croyances limitantes, ou encore par peur du jugement ou par crainte d'être vulnérables. Parfois, c'est notre propre éducation qui nous encourage à ne pas exprimer ce que l'on ressent. Tout cela peut entraîner une accumulation d'incompréhension, de stress, de frustration et de rancœur.
Le fait de ne pas exprimer ses émotions a un impact négatif sur nos relations avec les autres. De bonnes relations sont basées sur la communication, et lorsqu'on ne partage pas nos émotions, il devient difficile pour les autres de comprendre ce que l'on ressent. Cela peut entraîner des malentendus, des conflits et une distance émotionnelle.

Lorsque nous découvrons qu'il est possible d'exprimer nos émotions, que ce soit la peur, la colère, la tristesse, le dégoût ou encore la joie, nous nous sentons compris, vus et entendus par les autres. Ainsi, nous pouvons prendre conscience que si les autres sont souvent les déclencheurs de ces émotions, ils n'en sont pas pour autant les responsables. La cause profonde de nos émotions est à rechercher dans nos peurs, nos croyances et nos besoins non satisfaits. Or, il n'appartient qu'à nous de décider de les satisfaire pour nous sentir épanouis et confiants.

Rappelle-toi que cette prise de conscience te permet de reprendre la responsabilité et le contrôle de ce que tu vis. Tu vas pouvoir enfin identifier les besoins que tu demandes aux autres de satisfaire pour toi, car tu ne les satisfais pas toi-même. Il peut s'agir d'un besoin de sécurité, d'amour, de reconnaissance, d'appartenance, d'apprentissage ou encore de respect. À cette étape de ton Glow up, tu deviens libre, car tu ne dépends plus des autres pour répondre à tes besoins. Tu peux alors vivre des relations harmonieuses et apaisées, car tu n'as plus à mettre ton bonheur entre les mains de quelqu'un d'autre que toi.

SI TU PEUX.

“Quand tu dis oui aux autres, vérifie que tu ne te dises pas non à toi-même”

6

GLOW UP APRÈS UNE RUPTURE AMOUREUSE

“Ne confonds pas attachement et amour.

L’attachement crée la peur et la dépendance. L’amour sans attachement est la forme la plus pure d’amour : tu n’attends pas que le bonheur vienne à toi, car il vient de toi.”

Les signes de la dépendance affective

- [ ] Tu es prête à tout pour éviter la rupture.
- [ ] Tu ne te sens jamais en sécurité dans ta relation.
- [ ] Tu es anxieuse si tu ne reçois pas régulièrement de nouvelles de ton partenaire.
- [ ] Tu as une peur profonde d'être abandonnée ou rejetée.
- [ ] Tu ne te sens pas capable de partir, même si tu sais au fond de toi que tu devrais quitter cette relation.
- [ ] Ta valeur est déterminée par la manière dont l'autre te considère et te traite.
- [ ] Tu as des difficultés à imposer des limites dans la relation.
- [ ] Tu idéalises ton partenaire.
- [ ] Tu lui trouves des excuses.

“Et un jour, j’ai accepté que ces choses deviennent des souvenirs”

Une rupture amoureuse est une épreuve déchirante, marquée par la douleur, la tristesse et de nombreuses remises en question. Durant cette période, il est souvent difficile d'accepter que la personne qu’on a aimée ne fasse plus partie de notre vie.

Cependant, cette acceptation est un pas essentiel vers la guérison. Accepter que cette histoire devienne un souvenir ne signifie pas oublier les moments heureux ni minimiser les émotions vécues. Au contraire, cela signifie reconnaître que la vie est en mouvement, que les relations évoluent, parfois même se terminent, mais que cela n’enlève rien à la valeur des moments partagés.

C'est aussi un rappel que nous avons le pouvoir de guérir et de nous réinventer après une rupture, seule ou avec quelqu’un d’autre. Les souvenirs restent, mais ils ne déterminent pas notre avenir. Nous pouvons apprendre et grandir à partir de cette expérience, devenir plus forts, plus résilients et mieux préparés pour nos relations futures.

Rappelle-toi : accepter que ton histoire amoureuse devienne un souvenir est une étape cruciale vers la reprise de ta propre vie en toute liberté et autonomie. C'est l'affirmation de ta capacité à surmonter les obstacles, à te rétablir et à trouver le bonheur. Les souvenirs restent, mais ils ne t'enferment pas dans le passé et ne décident pas de ton futur. C'est en acceptant cela que tu deviens libre de créer un avenir rempli de nouvelles opportunités et d'amour.

“J’attends ce jour avec impatience, où tu hurleras de regret de m’avoir quittée, et tu feras tout pour me récupérer”

Dans de nombreuses relations, il peut y avoir des moments de doute durant lesquels on se demande si l'on est réellement apprécié, si nos efforts sont reconnus ou si l'on est vraiment important pour la personne qu'on aime. Parfois, ces questions ne trouvent de réponses qu'après la rupture.

C'est un désir compréhensible que de vouloir que l'autre réalise à quel point on était une partie précieuse de sa vie. Le sentiment de n'avoir pas été aimé à sa juste valeur peut être douloureux. Dans ce cas, l'idée que l'autre puisse ressentir un profond regret peut apporter un certain réconfort après la rupture. Cela peut aussi nous permettre de retrouver une estime de soi et une fierté perdues.

Mais cette attente peut aussi être un piège émotionnel. Elle peut prolonger la douleur de la rupture en maintenant un lien avec l'autre personne, espérant que quelque chose change. Il est essentiel de comprendre que les regrets de l'autre ne dépendent pas de notre volonté ni de notre attitude, et que notre propre bonheur et bien-être doivent être prioritaires.

Rappelle-toi que le désir de voir l'autre souffrir est compréhensible, mais il est important de trouver la force de continuer à avancer. Au lieu d'attendre simplement que l'autre réalise ou non ses erreurs, il est plus constructif de te concentrer sur ta propre évolution et ton propre épanouissement, pour t'ouvrir à de nouvelles opportunités de relations et de bonheur. La vie continue, et parfois, le chemin le plus sage est de t'éloigner d'une relation qui ne t'a pas apportée la reconnaissance et le respect que tu mérites.

Tu peux décider de couper les liens négatifs avec une personne (Seulement les liens négatifs)

Cette technique des "bonshommes allumettes" de Jacques Martel est très simple : prends une feuille blanche, des crayons, et une paire de ciseaux. (Exemple page 135)

1 - Dessine un « bonhomme allumettes » qui te représente sur la partie gauche de la feuille (tête, yeux, nez, bouche, corps, bras, jambes).

2 - Écris en dessous ton prénom et l'initiale de ton nom de famille.

3 – Dessine de la même façon la deuxième personne, sur la partie droite, écris son prénom et l'initiale de son nom de famille.

4 - Trace un cercle de lumière (comme un soleil) autour de ton bonhomme, cela symbolise ce que tu veux de mieux pour toi.

5 - Trace un cercle de lumière autour du deuxième bonhomme pour symboliser ce que tu veux de mieux pour cette personne.

6 - Trace un cercle autour des deux bonhommes (comme un soleil), pour symboliser ce qu'il y a de mieux pour vous deux.

7 - Trace ensuite des lignes d'attachement entre les deux bonhommes (sommet de la tête, entre les yeux, gorge, cœur, plexus, nombril et pubis).

8 - Avec des ciseaux, découpe la feuille au niveau des lignes d'attachement. Ensuite, débarrasse-toi des deux morceaux comme tu le souhaites. (tu peux les jeter, les brûler...)

Tu peux utiliser cette méthode pour toutes les personnes avec qui tu entretiens une relation, pour couper les liens négatifs. Tu peux aussi l'utiliser pour apaiser une situation en lien avec l'argent, l'amour, la fidélité... Dans ce cas, dessine un rectangle dans lequel tu écris simplement le nom de cette situation (verticalement, comme si c'était un personnage debout) et procède exactement de la même façon.

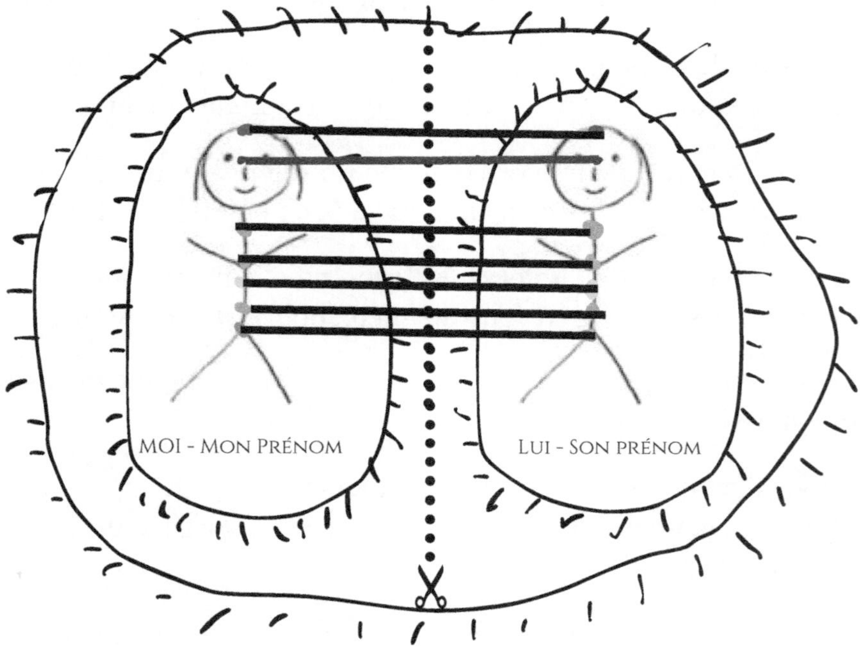
MOI - Mon Prénom
Lui - Son prénom

"Et si un jour je te manque, souviens-toi que je t'ai attendu, mais que maintenant, c'est trop tard"

Les ruptures amoureuses sont marquées par une multitude d'émotions, et l'une des plus douloureuses est celle que l'on pourrait nommer "l'attente déçue". On peut se sentir coupable lorsqu'on réalise que tout le temps passé à attendre cette personne n'a finalement servi à rien.

Quand on traverse une rupture, il est naturel de ressentir un profond désir de retrouver l'amour et la connexion que l'on partageait avec son partenaire. On espère que l'autre regrette sa décision, qu'il prenne conscience qu'on lui manque. Tout cela en pensant qu'il est possible de raviver les sentiments pour faire renaître la relation. Cependant, la réalité est parfois cruelle, et il arrive un moment où l'on réalise que cette attente a été inutile.

L'attente est une expérience douloureuse en elle-même. C'est un mélange d'espoir et de désespoir, de patience et de frustration. Lorsqu'on attend quelqu'un qui ne revient pas, les jours se transforment en semaines, puis en mois. L'attente peut devenir une sorte de prison émotionnelle, où l'on reste accroché à l'idée d'un amour passé, refusant d'accepter qu'il ne reviendra pas, ce qui prolonge la souffrance.

Rappelle-toi que même si tu as espéré, il arrive un moment où tu te rends compte que l'attente a trop duré. Tu prends alors conscience de ta propre valeur et ressens le besoin de te tourner vers l'avenir. Profite de cette prise de conscience pour comprendre que tu mérites un amour réciproque et inconditionnel. Dans ce contexte, l'attente n'est pas nécessairement du temps perdu. Elle peut représenter une étape nécessaire pour affronter la perte et accepter que la relation appartient désormais au passé. L'essentiel est que tu ne restes pas prisonnière de cette attente et que tu ne laisses pas le regret et la nostalgie t'empêcher d'envisager un avenir épanouissant.

CE QUI T'EMPÊCHE DE GUÉRIR :

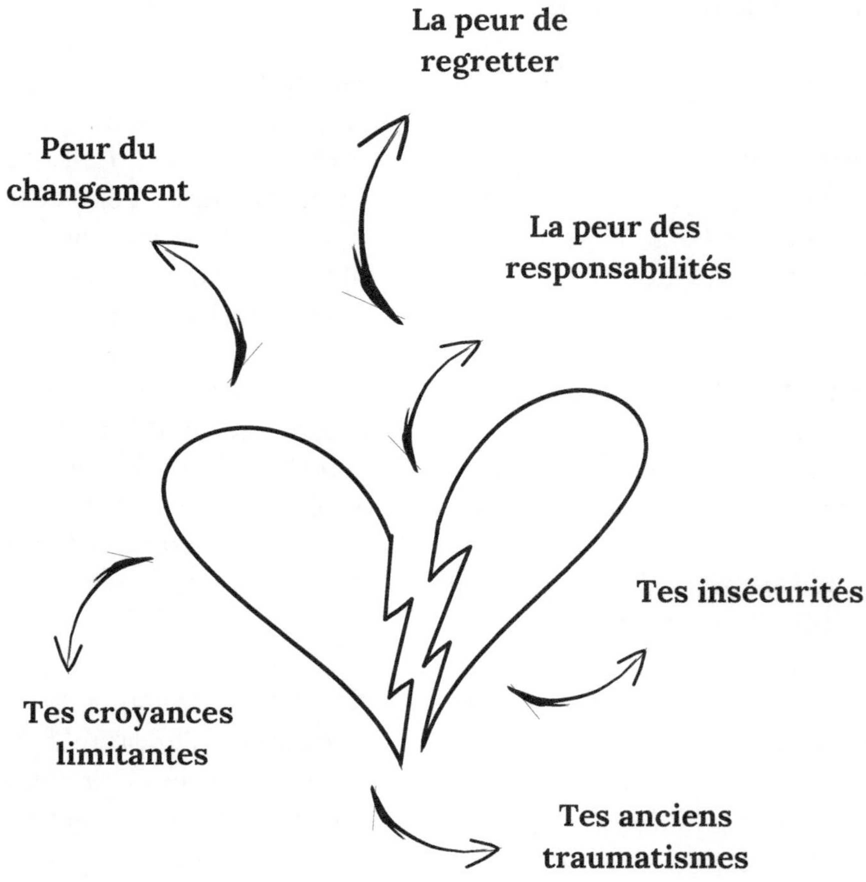

"À chaque fois qu'il revenait, je savais qu'il ne resterait pas"

C'est une réalité difficile et souvent douloureuse vécue par de nombreuses personnes qui se trouvent dans une relation instable.

Vivre les allers-retours d'une personne dans sa vie crée une instabilité émotionnelle. Si chaque retour ravive l'espoir et l'amour, chaque nouveau départ entraîne déception, culpabilité, sentiment de trahison, d'abandon et de tristesse.

Dans cette situation, il est important de se poser les bonnes questions concernant nos propres besoins. En effet, on peut être tenté de rester attaché à quelqu'un qui revient périodiquement dans notre vie, en espérant à chaque fois un retour définitif. Cependant, il est essentiel d'être conscient que ce schéma, s'il est répétitif, peut entraîner une douleur plus grande que celle provoquée par la décision de mettre un terme à la relation.

Rappelle-toi que ta décision doit tenir compte de ce qui est réellement important pour ton bonheur et ton épanouissement. Prends le temps et la distance nécessaires pour décider de ce qui est le mieux pour toi. Soit ta décision est mûre, auquel cas elle t'appartient, et tu n'as pas besoin de te justifier. Soit tu as encore des doutes, et dans ce cas, décide d'exprimer aussi honnêtement et fermement que possible tes attentes et tes besoins, car tu mérites d'être heureuse maintenant, sans attendre indéfiniment. Même si cette étape est difficile, elle peut te libérer d'une relation qui ne t'apporte pas suffisamment de sécurité pour te satisfaire pleinement.

"Passe du temps avec des gens qui t'aiment sans condition, et non avec des gens qui t'aiment selon leurs conditions."

“Peut-être qu’on se retrouvera quand on sera devenu meilleur l’un pour l’autre”

Dans certaines relations, il y a des moments où la distance est nécessaire pour permettre à chacun de grandir individuellement. Parfois, c’est la meilleure façon de prendre soin de soi et de la relation.

Lorsque deux personnes sont en couple, il peut arriver qu'elles doivent faire face à des défis et des conflits qui semblent insurmontables. C'est dans ces moments qu'une séparation temporaire peut être l'occasion pour elles de travailler sur leurs propres faiblesses et d'améliorer leur propre vie.

Il est souvent nécessaire de devenir "meilleur" individuellement pour contribuer à une relation saine. Cela peut signifier pour chacun, prendre conscience de ses peurs, de ses besoins, acquérir de nouvelles compétences en matière de communication, ou simplement prendre le temps de découvrir qui l'on est vraiment et ce que l'on veut dans la vie.

Parfois, des personnes se croisent à un moment où elles ne sont pas prêtes à s'engager pleinement, que ce soit en raison de circonstances extérieures, de problèmes de communication, d'instabilité émotionnelle, de manque de maturité, ou de manque de confiance en soi.

Rappelle-toi que la vie est imprévisible et qu'il n'y a aucune garantie que deux personnes se retrouveront après une période de séparation. Leurs chemins peuvent se séparer pour toujours. Il est essentiel donc de prendre cette décision de manière réfléchie, en envisageant dès le départ toutes les options possibles. Cependant, le chemin vers une relation plus forte passe par le développement personnel de chacun. Même si les retrouvailles ne sont jamais garanties, le travail sur soi est une valeur en soi qui t'apportera l'estime et la confiance dont tu as besoin pour vivre des relations heureuses et épanouies.

“Sois fière de qui tu es,
et de qui tu deviens”

NOTES À MOI-MÊME POUR CETTE ANNÉE

Tu es prête à devenir qui tu as envie d'être.

Le chemin peut être difficile,

mais ta détermination et ton courage

te guideront vers tes rêves.

N'oublie jamais la force qui réside en toi.

Tu as le pouvoir de réaliser tout ce que tu désires.

Il suffit de croire en toi.

Je suis fière de toi.

Victoire Charlie

Printed in France by Amazon
Brétigny-sur-Orge, FR

19954891R00087